Bibliothèque nationale de France

-

Direction des collections

-

Département Philosophie, Histoire, Science de l'homme

UNE

DISCUSSION POLITIQUE

AU CERCLE RÉPUBLICAIN DES TERNES

PAGE D'UNE OPINION PUBLIQUE

PAR

E. St-B.-MUSSET

Prix : 0 fr. 15.

PARIS

IMPRIMERIE ET LIBRAIRIE CENTRALES DES CHEMINS DE FER

IMPRIMERIE CHAIX

SOCIÉTÉ ANONYME AU CAPITAL DE SIX MILLIONS

Rue Bergère, 20

1889

LE GARDE-FOU, C'EST LA CONSTITUTION

Le *Journal du XVIIe arrondissement* a publié, dans son
numéro du 21 juillet dernier, un ordre du jour voté par le
Comité Républicain Radical des Ternes et *approuvé* par le
Cercle Républicain des Ternes.

Cet ordre du jour arbore, comme condition indispensable de
la fondation définitive de la République, la Revision.

Cet ordre du jour n'a pas été approuvé par le *Cercle Républicain des Ternes*, mais par la *majorité* de ce Cercle.

*_**

Des membres du *Cercle*, et j'étais l'un de ces membres, ont
longuement et avec énergie combattu cet ordre du jour, où la
Revision, présentée comme un outil de fondation d'une République future, leur a paru un simple pic de démolition de la
libre République présente.

*_**

Nous avons demandé quels articles de la Constitution nos
adversaires revisionnistes entendaient modifier ou annuler.
Nulle réponse ne nous a été faite, et il nous a semblé que nos
revisionnistes ne prodiguaient pas les perles de leur science sur
la Constitution.

Nous avons montré le danger de la déclaration vague de révision, votée par le Comité Radical, Revision d'où, contre la pensée de ses auteurs, peut naître l'anarchie, le gâchis ou la Dictature.

C'est le vague dans les programmes populaires, comme dans ceux des chefs politiques, qui, dans le passé, a entraîné nos discordes, nos chutes, nos effondrements.

La Revision ne doit pas être un jeu de la paume dans la nuit.

*
* *

Des pêcheurs à l'hameçon, peut-être en eau trouble, ont dit :

Revisons. Élisons des candidats revisionnistes, mais qui soient muets, comme nous-mêmes, sur le mode de revision. Toute clarté nous diviserait. Restons unis dans le crépuscule. L'accord sous un masque ! pactisons dans l'équivoque. Dérobons-nous dans les affaires. Le peuple réclame les affaires. Prenons le tablier de l'Économie politique... et le voile comme des nonnes.

Mais nos députés revisionnistes devraient-ils, par le même motif d'union, se taire longtemps,... toujours?

Ces clôturés, brisant enfin les portes, entreprendraient-ils la revision? Mandataires de muets, ils auraient le droit de voter la revision boulangiste.

Quelle revision républicaine pourraient-ils opérer! Quelle lumière tireraient-ils d'un mandat reçu du néant? Et comment toucheraient-ils, sans se brûler, à des cailloux trop chauds pour nos mains?

Des électeurs qui disent à des candidats : nous vous abandonnons le choix des revisions, revision de liberté, revision de dictature, ces électeurs-là sont des imbéciles, des poltrons ou des jésuites.

*
* *

— 3 —

Dans notre séance du 19 juillet dernier, il a été beaucoup discuté sur le sénat. Nous y avons dit qu'il n'est pas une république, pas une seule en Europe ni dans les deux Amériques, qui ne se compose de deux Chambres, et que, de même qu'un juge sans un autre juge, d'appel, serait le despote à volonté des intérêts privés et des personnes, une chambre politique unique représenterait un autocratisme facultatif sur les intérêts publics et les citoyens. Par qui et par quoi serait bornée sa volonté? Quelle serait la sauvegarde contre l'ignoble dictature irresponsable?

Il faut lire dans les *Mémoires* de Dulaure la journée de la *Convention* du 3 octobre 1793. Nous en reproduisons ces lignes que nous voudrions voir affichées sur le dos de tous les prôneurs d'Assemblée unique.

(Le décret d'accusation fut prononcé contre tous les proscrits sans discussion, sans même que la majorité opinât. Quelques-uns de ces malheureux voulurent élever la voix, on refusa de les entendre. Je les vis ensuite tous alors, sans résistance, se parquer dans l'enceinte de la barre, comme des agneaux destinés à la boucherie.)

On sait que le décret d'accusation, c'était la mort. Le 22 octobre, le patriote Dulaure fut à son tour décrété.

« Sans doute, citoyens, dit Amar, vous ne voulez pas que ce *criminel* échappe à *la justice*. »

Beau langage, dont les fac-similés se débitent aux foires boulangistes! l'honnête Dulaure put par miracle se sauver en Suisse.

** **

A la même séance du 19 juillet, nous avons particulièrement insisté sur ces considérations:

1º Que, si la Chambre prochaine se compose d'*introuvables*, de députés Morny, de *Versaillais rétrogrades*, d'une espèce, en un mot, illuminée ou perverse, présidée par ce sinistre bonhomme Émile Ollivier, lequel ne commença rien comme Siéyès et aspire aujourd'hui si tristement à sa fin misérable, nous serons heureux, nous, les libéraux, nous, les républicains, d'abriter la sécurité de nos domiciles, de nos familles, de nos professions et de nos biens, de nos droits politiques, sous l'égide sénatoriale ;

2° Qu'il est d'un patriotisme douteux de miner aujourd'hui de discrédit, de désarmer la garde, le sénat, qui veille si fermement aux portes de notre cité républicaine, attaquée par une bande scélérate ;

3° Que la Revision, instrument dirigé tant contre le Président de la République que contre le Sénat, contre la Constitution qui nous rallie, tend à disperser nos faisceaux, au milieu d'une crise intérieure et peut-être à la veille de la guerre étrangère, et n'est qu'une arme catilinaire que doivent rejeter des mains françaises ;

4° Que la Revision a été facturée principalement par ces démocrates impatients qui, ensemble avec les Royalistes, les Bonapartistes et les Boulangistes, ont culbuté nos Ministères républicains ;

5° Que le chef des revisionnistes, M. Floquet, Ministre Président, en négligeant, au lendemain de l'élection du Nord, de demander aux Chambres une loi punissant le plébiscite factieux, le plébiscite personnel, laissa la voie ouverte au 27 janvier, participant lui-même, aveugle comme on ne l'est pas chez les taupes, à un plébiscite de la République, et notre digne démocratie alla par l'imprévoyance ministérielle succomber, comme des moineaux, sous une trappe.

* *

Des joueurs de billard, avisés politiques, prompts à s'impatienter de la navette sans effet de la bille sur le tapis, n'ont pas aimé avec raison voir les projets de loi battre et rebattre le pavé entre le Palais-Bourbon et le Luxembourg.

La bille est-elle plus intelligente à Washington qu'à Paris?
Nous l'ignorons ; mais il est certain qu'aux États-Unis les
Chambres, dissidentes sur le budget, se mettent d'accord par
le renvoi à une commission mixte, nommée pour moitié par
le Sénat, pour moitié par la Chambre des représentants.

Inutile donc, pour s'entendre sur ce point, comme, au sur-
plus, sur tous les autres, de réduire en loques Constitution et
Gouvernement.

Quand la sagesse est si évidente, d'un tel accès, est-il besoin
de demander ses paquets au Cagliostro de Londres et d'en
appeler aux renoueurs *in verbis et in herbis* de notre organisme
politique?

Qu'on cite dans notre histoire une Constitution républicaine
qui ait péri plus de son imperfection que par nos ignorances,
nos entraînements et nos égoïsmes. Il est très noble de pro-
tester et de clamer contre le 18 brumaire et le 2 décembre;
mais il eût été de citoyens clairvoyants de ne pas égarer la
bête républicaine dans la forêt ténébreuse où purent l'égorger
les brigands.

Reviseurs et repolisseurs de constitutions démocratiques
— de l'an III, de 1848, de 1875. — *Boulanger* est le troisième
nom militaire suggéré, fourni par vos discordes aux ennemis
des institutions libres, nom de stipendié et qui offense le plus
la noble langue de notre Révolution française, puisqu'il est le
nom d'un appointé occulte, nourri aux cuisines des Aristocra-
ties; Boulanger est le troisième œuf de couleuvre que nous
devons à votre libertinage d'esprit. État démocratique, état
despotique, je m'effraie avec l'histoire de cette contiguïté et
de cette succession dans les républiques grecque, romaine,
italienne, française.

Malgré le grand Lamartine. remisé aujourd'hui sur une
allée solitaire de Paris, comme un dieu mède chez les Grecs, —
Louis-Philippe transporta Napoléon aux Invalides. Vous avez
fait mieux, vous avez restauré au plus haut de son Olympe.

sur la colonne, ce Jupiter, *l'archange de la guerre*, pour parler comme Victor Hugo, *qui*, ô victor Hugo, idolâtre ! *répliquait à Laplace, tenait tête à Merlin*; et puis, dans une cérémonie mêlée d'Empire, vous avez déposé son thuriféraire au Panthéon; pourquoi pas, comme un Pharaon, place de la Concorde, sous les pieds de la pyramide d'Egypte ?

La vérité, le sel, le lait et le miel, c'est aujourd'hui simplement la République légale, la République réformatrice, l'ordre réparateur, exclusif de l'innovation perpétuelle et de l'obscure métempsycose et sans ce chapelet, à faux métal, d'épithètes interminables et sonnantes, enseigne du patenôtrier d'outre-Manche.

Laissez-moi employer ce trait que m'offre le souvenir.

Un jour, la Hollande apprit qu'un *ver de mer* rongeait les pilotis de sa barrière de l'Océan; au premier moment, elle trembla de terreur et se crut perdue; mais elle n'eut pas, une seconde, l'idée de collaborer avec le vermisseau destructeur.

Nos chers amis, vous qui avez, à quelque parti que vous apparteniez, le cœur fier et désintéressé, ne faites pas concourir vos efforts avec ceux des Ogres de la domesticité boulangiste contre une Constitution qui n'a pas proclamé son infaillibilité, qui elle-même a ouvert, réglé les voies de son propre perfectionnement, qui n'est pas responsable de la conduite de ceux qui avaient le devoir et le mandat de la respecter et qui est incontestablement la Constitution la plus libérale de l'Europe, haïe de **M. Boulanger**, de tous les rois et empereurs et de tous les despotes.

On objecte : cette constitution est orléaniste. Qu'importe son origine, si elle est républicaine dans ses résultats ? ces résultats acquis, j'approuverais même qu'elle eût sa cause et son origine plutôt dans une transaction de tous les partis que dans la prépotence contestée d'un seul.

*_**

Nous désirerions bien que cette question fût mise au concours : le Sénat n'aurait-il pas des motifs, plus de motifs, de demander la suppression de la Chambre, où le parti de M. Boulanger a recruté ses principaux acteurs et scandalisé de ses danses tapageuses ?

Maints députés brouillons, auteurs de propositions saugrenues, ont crié : « Le Sénat empêche notre cerveau de s'étendre assez sur la planète. Haro sur le Sénat ! »

De moins honnêtes, dans la rue, crient : *au voleur !*

On connaît la réception de Montesquieu à l'Académie française. Mallet, qui le reçut, le gourmanda sur l'insuffisance de ses titres.

Mallet avait été admis, en 1715, à l'Académie. Pour quelles œuvres ? il n'avait composé qu'une ode.

Combien de nos députés, pestant contre le Sénat, qui n'ont pas même écrit cette ode !

Chaque Chambre demandant l'abolition de l'autre : le suffrage restreint, le suffrage dit éclairé, la sélection et le suffrage universel, le suffrage dit aveugle, le nombre, se lacérant, se balafrant, en guerre civile à mort, quelle curiosité foraine ! et combien les artisans de certaines mœurs se moqueraient des Anglais et de leurs combats de coqs ?

Mais je n'ai jamais bien compris qu'il ne se soit pas trouvé, au Sénat, un chirurgien, homme d'esprit, bon saigneur, à la façon du docteur Sangrado, offrant ses services aux agités de notre Chambre des Députés.

*_**

L'un des embarras les plus énormes de notre régime politique est le flot des propositions mal étudiées d'initiative parlementaire. L'envoi obligatoire de ces propositions au Conseil d'État, qui en ferait un rapport, soutenu devant le Parlement par le rapporteur lui-même, rendrait circonspecte et plus rare l'initiative des incompétents.

Autre intérêt : les Ministres de la Guerre, de la Marine et des Affaires étrangères sont des Ministres, sentinelles à nos frontières. Qu'il n'y ait pas un républicain qui ne soit engagé à les respecter comme fixes à leur poste de défense nationale et seulement révocables par M. Carnot.

Sans parler du règlement intérieur que l'expérience imposera au travail parlementaire ni des divisions et subdivisions de la Chambre en ces groupes irrévocablement condamnés, sorte de galères à mains de fer pour faciliter l'abordage des places et des ministères, plaçons ici une observation, afin d'éclairer un point, qui a été obscurci, du gouvernement représentatif, dans son mode régulier de fonctionnement. Une secte iconoclaste et toutes les cigales du genre *national* ont crié contre un accord qui serait intervenu entre le ministère Rouvier et la Droite. Nous pensons, avec le grand orateur d'Espagne, le républicain E. Castelar, dont nous avons lu cette opinion dans *el Globo*, organe de la République en Espagne, que dans une démocratie un ministère a le droit et le devoir, pour un besoin républicain et d'ordre public, pour échapper, par exemple, au danger d'une vacance et dislocation gouvernementales, d'une dispersion par des conspirateurs des bases constitutionnelles, de s'appuyer sur une droite modérée, inquiétée, elle aussi, dans ses intérêts sociaux.

Honneur et justice à M. Rouvier, l'habile ministre des Finances; à M. de Hérédia, l'habile et laborieux administrateur, modèle de simplicité élégante et de sociabilité républicaine, pour le reproche, sans bonne foi, d'oiseleurs en toutes saisons et sur toutes terres d'avoir compris, à une heure triste de la Patrie, le devoir civique! Mais puissent se repentir les démocrates, médiocres républicains, qui, dans un intérêt de portefeuilles, ont joué, unis aux adversaires de nos institutions, à un jeu de quilles ministérielles !

Une question, qui n'occupe pas l'heure présente, mais qui est la plus grave, doit être étudiée. Ne faudra-t-il pas soumettre l'élection présidentielle à un mode de suffrage, toujours restreint, mais plus large et plus près de la conscience et de l'orgueil du pays? L'expérience a appris que des brigues, entraves au cours régulier des choses, peuvent, avant l'échéance présidentielle, s'ourdir dans les Chambres, les diviser, et que la rue elle-même peut essayer d'influer, d'agir sur le suffrage d'électeurs à sa portée.

L'indépendance et la sincérité dans la transmission du pouvoir fondamental sont la pierre de touche et la base même de légitimité de l'institution républicaine. Nuire à cette indépendance et à cette sincérité, c'est rétrograder vers la Monarchie; et des républicains, en révolte contre ces conditions, violeraient, trahiraient leur propre principe.

Mais l'élection de M. Carnot a été aussi libre que patriotique et elle fut heureuse, puisqu'elle nous sauva d'un Régent ou régisseur, pédant politique.

*
* *

On a reproché au Sénat sa résistance a l'*Autonomisme*. Je déclare avoir toujours vu dans ce mot plus de grec que de franchises communales. Pourquoi nos autonomistes n'ont-ils jamais réclamé un conseil municipal pour les 160,000 habitants du XVIIe arrondissement? Toute commune, n'eût-elle que 100 habitants, a son conseil, et la population du XVIIe arrondissement en est privée !

L'autonomisme centralisé, ce qui est contradictoire, et tel qu'il a été présenté avec son bâton lancé trop haut, figure bien plutôt un trône de Bulgarie que l'exercice par la ville, par chaque arrondissement, chaque quartier et par chaque citoyen, des libertés communales. Sous ce trône, une *proles* a pullulé, fleuri, celle des lapins. Ces individus de sous-sol cheminent par nos administrations, perçant les roches, nivelant les degrés. La fonction, c'est le terrier. On cite les éleveurs et propagateurs.

Et pourquoi parler grec, quand on peut si nettement parler décentralisation? *L'État, c'est moi!* Paris, c'est moi! la liberté c'est moi, notre parti, notre coterie! non! non! L'État, c'est nous tous! L'administration municipale aux Parisiens! Paris, capitale, à la France! Paris, métropole, au monde latin! à la terre entière! Et la liberté, comme le devoir, à chacun de nous!

Or les Cobourg de l'autonomisme n'ont-ils pas poussé à la revision?

* *
*

Mais nous laisserions-nous amener à la revision, comme en 1870, à la guerre? *à Berlin*, les tributaires futurs de la Prusse! Revisionnistes, les Républicains, pour rembourser à M. Boulanger les millions employés à ses voyages clandestins par Lyon, à son luxe de loyers en Ville, à sa réclame de beau sultan colorié pour entrainer les deux sexes, à son commerce des esclaves!

La camorra boulangiste a transformé la Revision en une dérision et en un piège à 1789; transformerait-elle notre Champ de Mars en une communion sacrilège par des apostats et des imprudents!

*
* *

Je finis par ce vœu :

Que le *Cercle républicain des Ternes*, formé de tant d'hommes d'intelligence et de conscience, se divise en deux sections et que l'un et l'autre institut soumettent leurs avis à la condition de deux lectures, au moins.

Tous les hommes d'étude et de réflexion savent que ce n'est pas à la course folle et au jeu de bague que l'on saisit les vérités, surtout de l'ordre politique, qui est le plus compliqué. Le grand Montesquieu a dit : « J'ai mille fois envoyé aux vents les feuilles que j'avais écrites. » Et moi, je termine ici mes propres feuilles par cette citation, prudemment finale, qui, mise plus haut, m'eût suggéré sans nul doute de ne rien écrire du tout.

26 juillet 1889.

E. Sᵗ. B. MUSSET.

Le 19 juillet, le Cercle des Ternes votait un ordre du jour de revision de la Constitution.

Le 28, même mois, la Constitution sabrait la *Camorra*, comme Championnet dans les rues de Naples.

Le Cercle des Ternes se compose de 55 membres. L'ordre du jour a été voté par 10 membres.

IMPRIMERIE CENTRALE DES CHEMINS DE FER. — IMPRIMERIE CHAIX.
RUE BERGÈRE, 20, PARIS. — 17504-8-9.

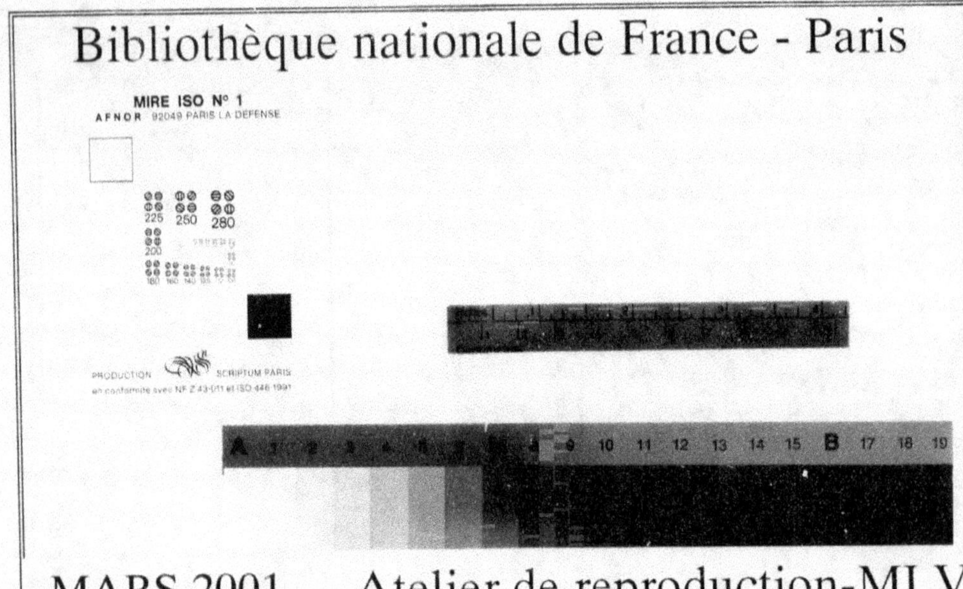
Bibliothèque nationale de France - Paris
MIRE ISO N° 1
AFNOR 92049 PARIS LA DÉFENSE
225 250 280
200
180 160 140
PRODUCTION SCRIPTUM PARIS
en conformité avec NF Z 43-011 et ISO 446 1991
A 1 2 3 4 5 6 7 8 9 10 11 12 13 14 15 B 17 18 19
MARS 2001 Atelier de reproduction-MLV